BEI GRIN MACHT SICH IHR
WISSEN BEZAHLT

- Wir veröffentlichen Ihre Hausarbeit,
  Bachelor- und Masterarbeit

- Ihr eigenes eBook und Buch -
  weltweit in allen wichtigen Shops

- Verdienen Sie an jedem Verkauf

Jetzt bei www.GRIN.com hochladen
und kostenlos publizieren

Die Bedeutung der Massenmedien in der Politik. Die Massenmedien als vierte Gewalt?

GRIN ☺

Bibliografische Information der Deutschen Nationalbibliothek:

Die Deutsche Nationalbibliothek verzeichnet diese Publikation in der Deutschen Nationalbibliografie; detaillierte bibliografische Daten sind im Internet über http://dnb.d-nb.de abrufbar.

ISBN: 9783346463791
Dieses Buch ist auch als E-Book erhältlich.

Druck und Bindung: Books on Demand GmbH, Norderstedt Germany
Gedruckt auf säurefreiem Papier aus verantwortungsvollen Quellen

Das vorliegende Werk wurde sorgfältig erarbeitet. Dennoch übernehmen Autoren und Verlag für die Richtigkeit von Angaben, Hinweisen, Links und Ratschlägen sowie eventuelle Druckfehler keine Haftung.

Das Buch bei GRIN: https://www.grin.com/document/1042576

Friedrich-Alexander-Universität Erlangen-Nürnberg

Sommersemester 2019

Hausarbeit im Seminar:

Einführung in das politische System der Bundesrepublik Deutschland

Thema:

Die Bedeutung der Massenmedien in der Politik - Können die Massenmedien als „vierte" Gewalt gelten?

Inhaltsverzeichnis

Gender Erklärung

In dieser Arbeit wird aus Gründen der besseren Lesbarkeit in manchen Fällen das generische Maskulinum verwendet. Weibliche und anderweitige Geschlechteridentitäten werden dabei ausdrücklich mitgemeint, soweit es für die Aussage erforderlich ist.

1. Einleitung

Ende 1948 wurde in der Generalversammlung der Vereinten Nationen in Paris die „Allgemeine Erklärung der Menschenrechte" unterzeichnet und trat am 23.Mai 1949 in Kraft. Diese Grundsatzerklärung bildet die Basis für demokratische Gesellschaften. Der Umgang mit den Medien fand im Paragraf 19 Beachtung: „Jeder hat das Recht auf Meinungsfreiheit und freie Meinungsäußerung". Dieser Paragraf wurde im Grundgesetz im folgenden Artikel 5 Absatz 1 verankert. Hierdurch werden die Pressefreiheit und die freie Meinungsäußerung sichergestellt.[1]

> „(1) Jeder hat das Recht, seine Meinung in Wort, Schrift und Bild frei zu äußern und zu verbreiten und sich aus allgemein zugänglichen Quellen ungehindert zu unterrichten. Die Pressefreiheit und die Freiheit der Berichterstattung durch Rundfunk und Film werden gewährleistet. Eine Zensur findet nicht statt."[2]

Diese Gesetzgebung bildet die Grundlage für die Gestaltung einer Berichterstattung der Massenmedien. Inwieweit diese für die Politik und die Bevölkerung von Bedeutung sind und ob in diesem Zusammenhang von einer „vierten" Gewalt der Massenmedien gesprochen werden kann, wird in der vorliegenden Arbeit behandelt. Zu Beginn der Betrachtung wird die Gewaltenteilung der Bundesrepublik Deutschland in ihren Grundzügen in den Blick genommen. Daran anschließend werden die Begriffe Medien und Massenmedien definiert sowie die Medienvielfalt und die Funktionen der Massenmedien genauer betrachtet. Die Ausführungen zur Medialisierung beziehungsweise Mediatisierung von Politik im vierten Kapitel, ist für die Betrachtung der Massenmedien als „vierte" Gewalt notwendig, da zum einen der Einfluss der Medien auf die Politik und zum anderen der Einfluss repräsentierter Politik durch die Massenmedien auf die Bürger/innen dargestellt wird. Die vorangestellten Erläuterungen führen im fünften Kapitel zur Bildung eines Resümees und zur Antwort auf die Frage, ob die Macht der Massenmedien ausreicht, um diese als „vierte" Gewalt beteiln zu können.

2. Die Gewaltenteilung in der Bundesrepublik Deutschland

Der Franzose Charles de Montesquieu gilt als einer der bekanntesten Begründer der Gewaltenteilung. 1748 veröffentlichte er die Idee der Unabhängigkeit von Staatsgewalten in seinem Buch ‚Vom Geiste der Gesetze'. Die Absicht der Gewaltenteilung besteht in der Beschränkung von staatlicher Macht mit dem Ziel der Sicherung der Freiheit für die Menschen sowie die Hinführung zu objektiveren Sachentscheidungen der Amtsinhaber. Durch die Existenz der Gewaltenteilung ist es einem regierenden Menschen kaum

---

[1] (Vgl. Gloger 2019)
[2] (Verbraucherschutz 1949, Zuletzt geändert durch Art. 1 G v. 28.3.2019)

möglich, dass zu regierende Land allein in hohen Maße zu schädigen.[3] Die Gewaltenteilung besteht aus drei Staatsorganen und ist ein bedeutendes Merkmal demokratischer Gesellschaften und folglich ein Prinzip des deutschen politischen Systems. Die Gewaltenteilung ist im Grundgesetz im Artikel 20 und Artikel 92 verankert, darüber hinaus ist sie unabänderlich.[4] Zu den drei Staatsorganen zählen die Legislative, die Exekutive und die Judikative. Die legislative Gewalt ist die gesetzgebende Gewalt, hierzu zählt unter anderem der Bundestag mit dem Bundesrat. Die Regierung mit beispielsweise dem Bundeskanzler stellt die exekutive Gewalt, die Gesetzesausführung dar. Das dritte Staatsorgan ist die judikative Gewalt, die Rechtsprechung, hierzu zählt zum Beispiel das Bundesverfassungsgericht. Deren Aufgabe ist die Überwachung der richtigen Ausführung beschlossener Gesetze sowie die Kontrolle ob diese gebrochen werden.[5] „Alle diese drei Organe sollten voneinander unabhängig sein und sich gegenseitig kontrollieren.“[6]

3. Massenmedien

3.1 Begriffsklärung

„Medien lassen sich grundsätzlich als Mittler von Informationen bzw. als Träger von Kommunikation verstehen.“[7] Bei einem Medium handelt es sich um die Weitergabe von Informationen durch die Verwendung von Zeichen und Sprache. Sie fungieren als Glied zwischen einem Sender, welcher Informationen her- beziehungsweise darstellt und einem Empfänger, welcher die gesendeten Informationen aufnimmt und verarbeitet. Medien besitzen nach Gerd Strohmeier zwei unterschiedliche Potentiale. Zum einen ist es das ‚kommunikationstechnische Potential‘, welches die technische Verbreitung von Informationen meint. Zum anderen ist es das ‚soziale Potential‘, dies beinhaltet die Entfaltung einer sozialen Wirkung durch den Einsatz von Medien. Es lässt sich schlussfolgern, dass ein Medium zwei Aufgaben bedient, zum einen muss es in der Lage sein Informationen zwischen Empfänger/n und Sender/n zu transportieren. Zum anderen führt die bei einer Kommunikation übermittelte Information zu einer Reaktion des Empfängers. Ist von Medien die Rede, so müssen nach Strohmeier zwei Arten von Kommunikation unterschieden werden. Erstens, die Medien der Individualkommunikation, zu dieser beispielsweise das Telefon zählt. Diese kann als One-to-One-Kommunikation bezeichnet werden, da eine Informationsvermittlung nur zwischen einem Sender und einem Empfänger oder zwischen zwei Sendern stattfindet. Zweitens werden die Medien

---

[3] (Vgl. Hochschild 2019)
[4] (Vgl. Bundestag 2019)
[5] (Vgl. Thurich 2006, S. 82)
[6] (Thurich 2006, S. 82)
[7] (Strohmeier 2004, S. 25)

der Massenkommunikation, kurz: Massenmedien, wie die Zeitung oder der Rundfunk, angeführt. Diese One-to-Many-Kommunikation meint die Informationsvermittlung zwischen einem Sender und mehreren Empfängern.[8] Es lässt sich folgende Definition für Massenmedien konstatieren: „[...] Massenmedien verbreiten Informationen a) dauerhaft b) über eine Vielzahl an Themen c) an ein breites disperses Publikum."[9] Für die Kommunikation über Massenmedien, kurz: Massenkommunikation, lassen sich fünf charakteristische Merkmale nach Gerhard Maletzke formulieren. (1) Die Aussagen der Massenkommunikation sind öffentlich, dass bedeutet, dass die herausgegebenen Informationen über ein Massenmedium grundsätzlich für jeden Menschen zugänglich sind. (2) Die Massenmedien sind technische Verbreitungsmittel. (3) Die Massenkommunikation erfolgt indirekt, dies meint, dass Empfänger und Sender zeitweilig voneinander getrennt sind. (4) Weiter erfolgt die Kommunikation einseitig, die Informationsvermittlung findet nur in eine Richtung statt. (5) Die Vermittlung richtet sich an das disperse Publikum, dies bezieht sich auf eine voneinander räumlich getrennte Gruppe von Individuen, welche Empfänger der Informationen sind.[10] Daraus lässt sich schlussfolgern, dass die Massenmedien ein Instrument für die Politiker/innen darstellen, um deren Inhalte sowie Ansichten und Einstellungen für die Öffentlichkeit präsent zu machen und die Verbreitung dieser zu ermöglichen.

3.2 Medienvielfalt

Als Massenmedien lassen sich zum einen die ‚klassischen' Medien, wie die Printmedien und die Medien des Rundfunks, wie der Hörfunk und das Fernsehen bezeichnen. Zu den neuen Medien zählt man vor allem die Online-Medien, gemeint ist hiermit primär das Internet.[11] Aufgrund der Vielfalt der Medienlandschaft kann das demokratische Prinzip des Pluralismus sichergestellt werden. Der Pluralismus ermöglicht das Gelingen einer Urteils- und Meinungsbildung der Bürger/innen, indem verschiedene Perspektiven, Meinungen, Ansichten sowie Werthaltungen öffentlich dargestellt werden. Allerdings muss bei den medialen Angeboten auf die Balance der Darstellung bestimmter Gruppen und Personen geachtet werden, damit es nicht zu einem zu großen alleinigen Einfluss einer Gruppe oder einer Person kommen kann, dies würde dem Prinzip des Pluralismus widersprechen. Der benannte Effekt wird als „Meinungsmacht" betitelt.[12] Durch die

---

[8] (Vgl. Strohmeier 2004, S. 25f.)
[9] (Gerhards 1994, S. 85)
[10] (Vgl. Maletzke 1976, S. 4)
[11] (Vgl. Strohmeier 2004, S. 27)
[12] (Vgl. Hasebrink, bpb: Bundeszentrale für politische Bildung 2016)

Existenz der Medienvielfalt, kann eine gegenseitige Kontrolle der Medien untereinander bewirkt werden. Jedoch ob dies immer der Fall ist, gilt kritisch zu betrachten.

3.3 Funktionen von Massenmedien

Grundlegend für die drei folgenden politischen Funktionen von Massenmedien ist die Herstellung von Öffentlichkeit. „Massenmedien schaffen Öffentlichkeit bzw. konstituieren einen öffentlichen Raum im politischen System."[13] Hiermit ist gemeint, dass es selten der Fall ist, dass Menschen eigenaktiv Erfahrungen in der Politik sammeln, so sind die Massenmedien meist der einzige Raum in dem sich die Menschen zu politischen Themen informieren können, um sich anschließend eine eigene Meinung zum Themengebiet zu bilden. „Die Medien schaffen also Öffentlichkeit und zugleich [...] sind sie ein wichtiges, in ihren Augen meist das wichtigste Forum der Öffentlichkeit."[14] In diesem Punkt ist Rüthers Recht zugeben, da die Medien keine Konkurrenz bezüglich ihrer Informationsstruktur erfahren. Daran anschließend lässt sich die erste politische Funktion der Massenmedien, *die Informationsfunktion*, nennen. Die Medien sollen vollständig, sachlich sowie verständlich über Inhalte informieren. Das Ziel besteht darin dem oder der Staatsbürger/in die Möglichkeit zu bieten ein kritisches Bewusstsein gegenüber dem öffentlichen Geschehen zu entwickeln. Jeder einzelne Bürger soll seine Interessenlage erkennen sowie die demokratische Verfassungsordnung begreifen. Weiter sollen die Medien dem Rezipienten ermöglichen ökonomische, ökologische, soziale beziehungsweise politische Zusammenhänge verstehen zu können. Die Personen sollen dazu befähigt werden eigenständig und aktiv am politischen Prozess teilzunehmen, beispielsweise durch den Eintritt in eine Partei oder die Teilnahme an dem Wahlvorgang.[15] An dieser Stelle wird erwähnt, dass eine hohe Anzahl unterschiedlicher Institutionen und Personen unter Beachtung verschiedener Aspekte darüber bestimmen, welche Informationen für das Publikum aufbereitet werden und welche nicht. Jede/r Redakteur/in entscheidet in den Fällen subjektiv, was für ein Inhalt für den Rezipienten als interessant gilt und somit gewinnbringend für den Sender ist.[16] Bernd Rüthers übt im folgenden aufgeführten Zitat Kritik an der Informationsfunktion mancher Massenmedien.

> „Das Ziel ist hier oft nur sekundär die Information. Primär geht es darum, den Zuschauer zu empören, ihn von der Existenz bedrohlicher Skandale zu überzeugen, die ihn umgeben."[17]

---

[13] (Strohmeier 2004, S. 72)
[14] (Rüthers 1999, S. 12)
[15] (Vgl. Meyn und Tonnemacher 2012, S. 13f.)
[16] (Vgl. Bergsdorf 1980, S. 79f.)
[17] (Rüthers 1999, S. 13)

Dabei bezieht er sich insbesondere auf Medien, welche durch gezielte Übertreibungen sowie dem Hervorheben von besonderen Ereignissen versuchen die Emotionen des Rezipienten anzusprechen, mit dem Ziel das Interesse dieser zu gewinnen. Aus diesem Grund ist es einmal mehr die Aufgabe des Konsumenten solcher Medien, die für ihn relevanten Informationen zu filtern und eigenständig zu prüfen. Die *Meinungsbildungsfunktion* stellt die zweite Funktion dar, welche eine freie und offene Argumentation für Mehrheiten und Minderheiten sicherstellen soll, um gewinnbringend zu einer Meinungsbildung der Bürger/innen beizutragen.[18] Damit ist gemeint, dass unabhängig von der Größe oder Mächtigkeit einer (politischen) Gruppe die Meinungen dieser chancengleich behandelt und dargestellt werden sollen, mit dem Ziel der Ermöglichung einer freien Meinungsbildung der Bevölkerung. Das Hauptanliegen dieser Funktion besteht in der Erörterung von Fragen des öffentlichen Interesses, welche in einer freien und offenen Diskussion stattfinden soll.[19] Die beschriebene Auseinandersetzung stellt einen wichtigen Aspekt für demokratisches Handeln und Denken von Bürger/innen dar, da die Demokratie erst durch verschiedene Ansätze, Meinungen und Haltungen aufrechterhalten werden kann. Es folgt dem Verständnis der pragmatischen Maxime nach Charles Sanders Peirce, welche besagt, dass die Auffassung aller Wirkungen eines Objektes, welche von Subjekten geäußert werden, zur vollständigen Erschließung der Sache führt. Allerdings ist ein Diskurs bezüglich einer Problematik beziehungsweise der Sache nie abgeschlossen, da eine unendliche Anzahl an Subjekten an einem Diskurs zu einer Thematik teilnehmen kann. Es besteht deshalb über einen nicht abgrenzbaren Zeitraum die Möglichkeit, dass immer wieder neue Meinungen und Ansichten zur Lösungsfindung und Problemerörterung hinzugetragen werden. Dieser Entwicklungsprozess sollte durch die Massenmedien dargestellt werden. Wichtig ist als Folge dessen, dass der Diskurs für jeden Menschen zugänglich ist und die Chance besteht, dass jede Person oder Gruppe zu jedem beliebigen Zeitpunkt seine Meinung und Ansicht äußern kann.[20] Die Meinungsbildungsfunktion verfolgt, unter Beachtung der pragmatischen Maxime, das Ziel, dass jeder Mensch durch den Konsum von Massenmedien dazu befähigt sein soll, seine eigene politische Meinung zu bilden, um somit an einem Diskurs und der Lösungsfindung zu einem (politischen) Themengebiet teilhaben zu können. Im Zusammenhang mit der Meinungsbildungsfunktion stehen die Begriffe Agenda-Setting, Priming- und Framing- Effekt, welche maßgeblich auf die Ausbildung von Ansichten und Meinungen der Rezipienten Einfluss nehmen. Die Thematisierungsfunktion, auch

---

[18] (Vgl. BpB: Funktionen der Medien in einer demokratischen Gesellschaft I und II 2016)
[19] (Vgl. Meyn und Tonnemacher 2012, S. 14)
[20] (Vgl. Schubert 2010, S.13f., S. 43-47)

Agenda-Setting genannt, meint die Selektion und Strukturierung von Themen, Inhalten und Informationen durch die Massenmedien, welche anschließend vom Rezipienten aufgenommen werden.[21] Als Beispiel kann die Nachrichtensendung um 20 Uhr angeführt werden, welche innerhalb von 15 Minuten über tagesaktuelle Themen berichtet. Allerdings kann in den meisten Fällen nicht über alle weltweiten Ereignisse in dem angegebenen Zeitfenster berichtet werden. Es findet eine subjektive Selektion der Inhalte von Seiten des Senders statt. Daraus resultiert, dass die Rezipienten des Nachrichtensenders diejenigen Inhalte für wichtig halten, über welche berichtet werden. Andere Themen werden als weniger relevant eingeschätzt, da über diese keine Inhalte mitgeteilt wurden. Die folgenden Begriffe des Primings und Framings stellen feine Abstufungen des Agenda-Settings dar.

„Der Begriff ‚Priming‘ nimmt auf die Feststellung Bezug und illustriert, dass etwas an die erste Stelle gerückt wird und dadurch eine besondere Wichtigkeit erfährt. Es handelt sich mithin um eine unbewusste Aktivierung von Denkstrukturen. Über diese Voraktivierung werden entsprechende Schemata leichter zugänglich."[22]

Priming beinhaltet, kurz gesagt, das Hervorheben eines thematischen Teilaspektes, welches daher Relevanz bei dem Rezipienten erfährt. Verdeutlichen kann dies die Berichterstattung im Wahlkampf. Bei dem Priming-Effekt übernehmen die Rezipienten spezifische Bewertungskriterien des Senders. Berichten die Massenmedien im Wahlkampf zum Beispiel schwerpunktmäßig über die Zuwanderung von Immigranten und Immigrantinnen, so beschäftigen sich die Wähler/innen ebenfalls im besonderen Maße mit den Parteiprogrammen bezüglich der Migrationspolitik.

Das „Framing‘ hingegen meint die Einbettung der Berichterstattung in einen bestimmten Interpretationsrahmen, also die Darstellung in Abhängigkeit von einer Bezugsgröße. [...] Frames dienen der Strukturierung von Informationen und beeinflussen so deren Interpretation.[23]

Framing bedeutet, kurz gesagt, die Reduzierung der Komplexität eines Themengebietes auf bestimmte inhaltliche Teilaspekte. Der Sender arbeitet politische Ereignisse für den Empfänger in der Art und Weise auf, dass der Inhalt leicht verständlich, strukturiert und in knapper Form wiedergegeben werden kann. Das Selektieren von Inhalten und Informationen zu einem Themengebiet oder Ereignis geschieht subjektiv, da jeder Sender den für ihn relevanten Inhalt auswählt. So kann beispielsweise der Sender A über die Migrationsbewegung verbunden mit gestiegener Kriminalität und der Partei X berichten

---

[21] (Vgl. Jäckel, Fröhlich und Röder 2019, S. 52)
[22] (Jäckel, Gerrit und Röder 2019, S. 56)
[23] (Jäckel, Gerrit und Röder 2019, S. 56)

oder Sender B den Zusammenhang einer geringeren Arbeitslosenquote und der Partei Y darstellen. Hierbei wird in beiden Fällen ein Teilgebiet zweier unterschiedlicher Themen in Verbindung mit der Migrationsbewegung und Parteien gebracht. Die Migrationsbewegung löst aufgrund der Berichtserstattung des Senders A bei den Rezipienten eventuell andere Emotionen aus, als bei dem Rezipienten des Senders B, da die Thematik jeweils in einem anderen Kontext dargestellt wurde. Es lässt sich konstatieren, dass zum einen die Wahl bestimmter Thematiken und Teilaspekte von Themen sowie die Nutzung bestimmter Begriffe mit Interpretationspotential und die Kontextualisierung Einfluss auf die politische Einstellung der Rezipienten nehmen kann. Eine gezielte Manipulation zu Gunsten beispielsweise einer Partei ist hierbei nicht ausgeschlossen. Weiter dienen das Agenda-Setting, Priming und Framing zur Strukturierung von Inhalten, um möglichst schnell, möglichst verständlich viele Informationen dem rezipierenden Publikum zu vermitteln. Daraus lässt sich schlussfolgern, dass eine hohe Medienkompetenz der Rezipienten erforderlich ist, um die beschriebenen drei Effekte deuten und für die eigene Meinungsbildung nutzen und reflektieren zu können. Die *Kontrollfunktion* bildet die dritte politische Funktion von Massenmedien. „Massenmedien erfüllen eine Kontrollfunktion, indem sie politische Akteure kontrollieren und gegebenenfalls kritisieren."[24] Das Ziel dieser Funktion besteht darin, die rezipierenden Bürger/innen über politische Geschehnisse und Kontroversen aufzuklären. Die Ausbildung einer differenzierten Sichtweise kann durch die Hinterfragung von politischen Ereignissen und durch die Aufklärung von Missständen geschehen. Es lässt sich anmerken, dass die Medien jedoch über keine direkten Sanktionsmittel verfügen, falls sie einen politischen Missstand aufgedeckt haben.

4. Mediatisierung/ Medialisierung

4.1 Begriffsklärung

Im Folgenden soll das demokratische Ziel der freien Meinungsbildung, aufgrund der hohen Relevanz für das vorliegende Kapitel kurz definiert werden.

> „Demokratie setzt die freie individuelle Meinungsbildung und politische Willensbildung aller Bürgerinnen und Bürger voraus. Meinungsbildung ist abhängig von den jeweiligen Wertvorstellungen, der Lebenslage, dem Wissen und den bisherigen Erfahrungen der Menschen. Sie bilden sich eine Meinung darüber, wie die Gesellschaft, in der sie leben, aussehen sollte und welche politischen Entscheidungen sie gutheißen oder aber ablehnen."[25]

---

[24] (Strohmeier 2004, S. 73)
[25] (Hasebrink, bpb: Bundeszentrale für politische Bildung. 2016)

Der Kern des Zitats besteht darin, dass keine Instanz oder Person das Recht dazu hat, einem Menschen eine Meinung aufzudrängen, ebenso kann eine Meinung nicht pauschalisiert werden, da diese von mehreren Faktoren, wie das Alter, die soziale Herkunft, etc. abhängig ist. In diesem Zusammenhang kann der Begriff der Medialisierung beziehungsweise Mediatisierung angeführt werden. Er beschreibt die zunehmende Korrelation zwischen einem Massenmedium und deren Wirkung auf den Menschen.

„Medialisierung und Mediatisierung beschreiben, zunächst einmal völlig unabhängig von der Schreibweise, die Tatsache, dass die Bedeutung von Medien in unserer Welt zunimmt."[26]

Der Unterschied beider Begriffe besteht zum einen darin, dass die „[...] Mediatisierung das Agieren von Akteuren mit Medientechnologien in den Blick [nimmt, dagegen] untersucht Medialisierung die Anpassung im Handeln von Akteuren gegenüber den Massenmedien [...]."[27] Die Massenmedien sind zum einen für die Bürger/innen, als auch für die Politik von hoher Bedeutung.

4.2 Bedeutung und Wirkung der Mediatisierung/Medialisierung von Politik in Deutschland

„Massenmedien vermitteln nicht einfach Information über Politik, liefern nicht etwa ein Abbild des politischen Geschehens, sondern sie stellen als Weltbildapparate den Informationsgehalt von Politik erst her, sie definieren, was ein politisches Ereignis ist, was Thema ist."[28]

Dieses Zitat von Winfried Schulz wurde als Einstieg des Kapitels gewählt, da es den Kern der Mediatisierung beziehungsweise Medialisierung in der Politik erfasst. Dieser liegt darin, dass die Medien nicht nur über politische Ereignisse berichten, sondern sie sind oftmals der Beginn des Ereignisses, über welches berichtet wird. Die Medien und die Politik können aus diesem Grund nicht unabhängig voneinander betrachtet werden, sie sind „[...] zwei strukturell gekoppelte Systeme".[29] Die primäre Aufgabe der Politik ist es, Probleme zu lösen oder Entscheidungen zu treffen. Die Medien dagegen haben das Ziel Nachrichten zu generieren, um die Bevölkerung über ihre Umwelt zu informieren sowie Interesse beim Rezipienten zu erzeugen. An diesem beispielhaft ausgewählten Aspekt der Funktion wird die Kopplung der Systeme deutlich. Zum einen stellt die Politik Probleme für die Medien bereit, über welche sie berichten können. Mit denen ist es den Medien möglich ihre Existenz, aufgrund des Einschaltinteresses der Rezipienten, zusichern. Zum anderen fungieren die Medien, durch die Veröffentlichung der politischen

---

[26] (Birkner 2017, S. 13)
[27] (Birkner 2017, S. 15)
[28] (Schulz 2008, S. 323)
[29] (Mergel 2010, S. 33)

Probleme und Diskussion, als Vermittler zwischen Bürger/innen und Politik. Diese Wirkung ermöglicht es den Politiker/innen Stimmungen, Einstellungen und Haltungen ihrer potenziellen Wähler/innen einzufangen und gezielt darauf zu reagieren.[30] Darüber hinaus finden politische Geschehnisse häufig nicht unmittelbar im eigenen Ort oder Land statt, sondern mitunter in anderen Ländern oder auf anderen Kontinenten. Wollen die Rezipienten erfahren, welche politischen Ereignisse in der Welt stattgefunden haben, sind sie auf eine Berichterstattung der Journalisten und somit der Verbreitung durch die Medien angewiesen. Denn diese besitzen, im Gegensatz zu einem Bürger, welcher nicht für die Presse o.Ä. tätig ist, die Möglichkeit exklusive Informationen zu erhalten, wie beispielsweise durch ein Treffen mit einem ausländischen Amtsinhaber. Nach Stefan Marschall kann Mediatisierung der Politik in vier Bereiche unterteilt werden. Zum einen ist die ‚Politische Mediatisierung bei den Bürgerinnen und Bürgern' zu nennen. Ein Großteil der Menschen verfügt über ein politisches Wissen aufgrund seines medialen Konsums. Jeder Bürger und jede Bürgerin besitzt ein individuelles und spezielles ausgeprägtes Wissen. In den wenigsten Fällen hat die Allgemeinheit eigene aktive Erfahrungen in der Politik gemacht, weshalb Sie auf Medien zur Informationsgewinnung in diesem Gebiet zurückgreifen müssen.[31] Die Medien haben einen maßgeblichen Einfluss auf die Meinungen und Einstellungen der Bürger und Bürgerinnen. Politische Ereignisse sowie Verhaltensweisen und Aussagen von Politiker/innen werden in den Medien öffentlich analysiert, diskutiert und bewertet. „Zu zentralen Trägern der öffentlichen Meinungsbildung sind heute die Medien geworden."[32] Eine häufig in diesem Zusammenhang diskutierte Frage lautet: Wie hoch ist der mediale Einfluss auf das Wahlverhalten? Bei der Antwort dieser Frage sind sich die Forscher/innen nicht einig, feststeht nur, dass die Medien eine wichtige Rolle spielen.[33] Dieser Aspekt wird auf Seite 11 im vierten Bereich der Mediatisierung aufgegriffen. Der zweite Bereich betrifft die ‚Mediatisierung politischer Organisationen und der politischen Eliten'.

> „So passen die politischen Akteure und Organisationen Teile ihrer Arbeit an die Funktionslogik des Mediensystems an. [...] Weitere politische Organisationen, wie Parteien, Parlament, Regierung richten ihre Arbeitsweise und Binnenstruktur auch daraufhin aus, dass sie in den Medien <<gut>> dastehen."[34]

---

[30] (Vgl. Mergel 2010, S. 33ff.)
[31] (Vgl. Marschall 2014, S. 95)
[32] (Rudzio 2015, S. 452)
[33] (Vgl. Korte 2009)
[34] (Marschall 2014, S. 96)

Hierbei wird ersichtlich, dass beispielsweise die Parteien im Wahlkampf, durch einen gezielten medialen Umgang versuchen, die Wähler/innen in ihrem Sinne zu beeinflussen. Hierbei werden die Massenmedien gewählt, da diese, wie bereits erwähnt, eine One-to-Many Kommunikation darstellen. Dies hat den Nutzen, dass mit einem relativ geringen Aufwand eine breite Masse der Bevölkerung erreicht wird. Als Beispiel können die Wahlkampfplakate am Straßenrand erwähnt werden, hierbei wird jede/r Autofahrer/in oder Fußgänger/in potenziell zum Rezipienten des Mediums. Als ‚Mediatisierung des politischen Prozesses' wird nach Marschall der dritte Bereich der Mediatisierung benannt. Ein politischer Prozess verläuft in mehreren Etappen. Dieser beginnt bei einer Problemartikulation, Problemdefinition und Politikdefinition. In den beginnenden politischen Phasen ist der Einfluss der Medien beträchtlich, denn das was öffentlich zum Diskurs gestellt und über das was berichtet wird, erscheint auch dem Bürger oder der Bürgerin für relevant (siehe hierzu den Begriff des Agenda-Setting im Kapitel 1.3.1). Die Berichterstattung über eine bestimmte Thematik löst in den politischen Strukturen Handlungsdruck aus. Da die Bevölkerung fortan über die gesendeten Angelegenheiten informiert werden möchte, zum Beispiel welche Lösungen für diese Problematik gefunden werden, entsteht für die Politiker/innen ein Zugzwang bezüglich ihrer Handlungen. Als Beispiel kann hierfür die Diesel-Affäre angeführt werden, welche bereits über einen längeren Zeitraum in den Massenmedien präsent ist. Zum einen aufgrund der Relevanz für die Umweltpolitik und zum anderen aufgrund des Interesses und Betroffenheit der Bürger/innen. Zu beachten gilt, je mehr der politische Prozess fortschreitet umso mehr nimmt der mediale Einfluss ab. Der Grund hierfür liegt darin, dass die letzten Phasen des politischen Prozesses zum einen spezielle Kenntnisse voraussetzen, über welches die meisten Rezipienten nicht verfügen und zum anderen haben die Medien hier kaum Instrumente, um weiteren Einfluss auf die Politik nehmen zu können.[35] Festzuhalten ist, dass die Intensität der Berichterstattung der Massenmedien in manchen Fällen beeinflussen kann was politisch behandelt wird und was nicht. Entscheidend für die Wahl und dem Berichten über Themen ist das Interesse der Bevölkerung, welches die Existenz des Mediums gewährleistet, wenn beispielsweise eine Zeitung nicht gekauft wird, kann diese keine Einnahmen verzeichnen und sich nicht weiter finanzieren. Daraus lässt sich schlussfolgern, dass das grundlegende Ziel der Massenmedien deren ökonomische Erfolge und Fortbestehen darstellt. Hierzu müssen die öffentlich-rechtlichen Medien, dazu zählen etwa ARD, ZDF und das Deutschlandradio, differenziert betrachtet werden. Die öffentlich-rechtlichen Sender sind in der Pflicht die Grundversorgung zu gewährleisten. „Grundversorgung meint die technische und inhaltliche Sicherung einer

---

[35] (Vgl. Marschall 2014, S. 97f.)

12

umfassenden Berichterstattung."[36] Sie sind dazu verpflichtet verschiedene politische Positionen ausgewogen darzustellen und ihren Programmauftrag, wie beispielsweise die Ausstrahlung der Themen der Unterhaltung, Kultur und Bildung zu erfüllen. Diese Verbindlichkeit wird durch die Rundfunk- und Verwaltungsräte kontrolliert. Ein weiterer Unterschied zu den privaten Sendern liegt in der öffentlichen Finanzierung durch die Rundfunkbeiträge, welcher jeder Haushalt entrichten muss.[37] Der letzte und vierte Bereich betrifft die ‚Mediatisierung im Wahlkampf'. Der mediale Wahlkampf verfolgt zwei Ziele, zum einen soll dieser über das Parteiprogramm informieren und zum anderen soll die Bevölkerung angeregt sein für die jeweilige Partei im Wahlprozess zu stimmen. [38] Damit die Themen einer Partei ihre potenzielle Wählerschaft erreichen kann, ist die Politik auf die Berichterstattung der Massenmedien angewiesen. Der mediale Wahlkampf hat eine hohe Bedeutung für die Politik, da die Teilnahme an einer Wahl für die Mehrheit des Volkes die einzige Möglichkeit darstellt, aktiv am politischen Prozess mitzuwirken. Jedoch stehen beide Seiten nicht nur in Abhängigkeit zu einander, sondern auch in Konkurrenz. Die Politik versucht mit unterschiedlichen Mitteln möglichst viel darüber entscheiden zu können, was in den Massenmedien über sie berichtet wird, um in Folge dessen die bestmöglichste Wirkung bei den Rezipienten zu erzielen. Dies ist meist nur dann möglich, wenn die Medien als Träger dienen, wie zum Beispiel bei Wahlplakaten. Hierbei stellen die Medien lediglich eine Plattform dar, auf denen die Politiker/innen und Parteien, ohne Bewertung oder Selektion der Inhalte, ihre Aussagen veröffentlichen können.[39] Überdies stehen den Parteien weitere unterschiedliche Instrumente zur Verfügung, um ihre Interessen und Wahlversprechen zu artikulieren und zu visualisieren. Dies sind beispielsweise Wahlveranstaltungen, Wahlwerbespots oder die Verteilung von Werbeartikel für die jeweilige Partei. Für die Gestaltung der verschiedenen Mittel ist jede Partei selbst verantwortlich sowie bestehen kaum Einschränkungen. Damit die Inhalte für möglichst viele Personen verständlich sind, werden diese meist in reduzierter Form dargeboten.[40] Vor allem das TV-Duell nach US-amerikanischem Vorbild stellt seit 2002 eine wichtige Instanz im Wahlkampf dar, obwohl in Deutschland, im Gegensatz zur USA, keine Direktwahl, sondern eine Parlamentswahl stattfindet.[41] Der Erfolg könnte durch eine empfundene Teilhabe am politischen Prozess und dem Unterhaltungseffekt für den Rezipienten erklärt werden.

---

[36] (Hoffmann 2016)
[37] (Vgl. Karidi 2018)
[38] (Vgl. Korte 2009)
[39] (Vgl. Holtz-Bacha 2002, S. 42, S.45)
[40] (Vgl. Besand 2010, S. 583f.)
[41] (Vgl. Marschall 2014, S. 98f.)

In Verbindung mit dieser Thematik ist der Begriff der ‚Schweigespirale' zu erwähnen, welcher von Elisabeth Noelle-Neumann in 1970er Jahren geprägt wurde.

„Er beschreibt, wie eine einheitliche Medienberichterstattung die Macht hat, aus einer Minderheitsmeinung eine Mehrheitsmeinung zu machen. [...] Die Theorie der Schweigespirale ist [jedoch] [...] äußerst umstritten." [42]

Aus der Theorie der Schweigespirale lässt sich schlussfolgern, dass die politische Analyse und Diskussion über Politik in den Medien, vor allem während der Zeit kurz vor einer Wahl, die Meinungen und Einstellungen der Bürger/innen stark beeinflussen kann. Nach Manfred Schmidt hängt die Wirkung der Massenmedien bezüglich politischer Entscheidungen von drei Faktoren ab. Zum einen ist es die ‚Sendebereitschaft der Organisationen', denn erst wenn der Verlag oder der Sender bereit ist über eine Thematik zu berichten und somit Wissen zu verbreiten, ist das Potential zur Kommunikation der Bevölkerung über dieses Thema gewährleistet. Als zweiter Faktor ist das ‚Einschaltinteresse der Bürger/innen' zu nennen. Dies entscheidet darüber, ob die aufbereitete Mitteilung rezipiert wird. Sind diese zwei Faktoren gegeben, schließt sich der dritte Faktor, die ‚eigenständige Sortierung und Bewertung des Informationsflusses', an. Hierbei sind der Informationsverarbeitungsfilter sowie die Bewertungskriterien des Konsumenten von Bedeutung. In dieser Phase findet eine erneute Filtrierung des Ereignisses statt, in dem der Bürger oder die Bürgerin, die für ihn/sie wichtigsten Aspekte sortiert und abwägt.[43] Am Ende des Kapitels lässt sich festhalten, dass politische Prozesse und deren Ergebnisse durch die Medien eindeutig geprägt sind. Es bedarf jedoch einer differenzierten Betrachtung, wenn die Wechselwirkung zwischen der in den Medien dargestellten politischen Prozesse und der rezipierenden Person in den Blick genommen werden. Jede/r Bürger/in hat das Recht auf eine freie Meinungsbildung, diesem Recht wird durch die ausdifferenzierte Medienlandschaft unteranderem mit diversen Zeitungen, Rund- und Hörfunksendern sowie Internetseiten gewährleistet. Welche/r Bürger/in welches Massenmedium rezipiert und inwieweit die rezipierende Bevölkerung von den Medien in Bezug auf die Politik mediatisiert werden, ist abhängig von mehreren Faktoren, wie beispielsweise dem Alter, dem sozialen Status, des Interesses, den Werthaltungen usw. Aufgrund dessen kann keine allgemeingültige Antwort bezüglich der Wirkung der Mediatisierung beziehungsweise Medialisierung von Politik getroffen werden. Es gilt bei dem Konsum von Massenmedien speziell mit politischen Inhalten zu beachten, dass der Rezipient oder die Rezipientin sich in möglichst unterschiedlichen Quellen zu einer

---

[42] (Marschall 2014, S. 101)
[43] (Vgl. Schmidt 2016, S. 130)

Thematik informieren sollte. Weiter sollte stets eine differenzierte und kritische Haltung gegenüber der Berichtserstattung gewahrt werden. Aufgrund der Kenntnisse verschiedener Meinungen, Ansichten und Standpunkte ist die Gewinnung einer individuellen und freien Meinungs- und Urteilsbildung bei jedem Einzelnen möglich.

5. Fazit: Massenmedien als vierte Gewalt?

Können die Massenmedien mit den Staatsgewalten Legislative, Exekutive und Judikative gleichgestellt werden? Niklas Luhmann beginnt in seinem Buch „Die Realität der Massenmedien" mit folgender These: „Was wir über unsere Gesellschaft, ja über die Welt, in der wir leben, wissen, wissen wir durch die Massenmedien."[44] Der hohe Informationscharakter der Massenmedien für die Bürger/innen ist unumstritten. Politische Ereignisse werden in den Massenmedien diskutiert sowie analysiert und dies nicht nur im Wahlkampf. Effekte, wie das Agenda-Setting sowie der Priming- und Framing-Effekt selektieren politische Gegebenheiten, ohne es dem Rezipienten unmittelbar transparent zu gestalten. Aufgrund dessen wird indirekt auf die Willens- und Meinungsbildung sowie auf einen Entscheidungsprozess, wie im Wahlkampf (Theorie der Schweigespirale) Einfluss genommen. Insbesondere Politiker/innen und Parteien nutzen diese Strategien der Medien für ihren Erfolg, in dem sie die Massenmedien als Bühne zur Darstellung ihrer Stärken und Interessen nutzen. Massenmedien gewährleisten eine Kommunikation zwischen der politischen und der privaten Person.[45] Aufgrund der Massenmedien können sich die Menschen zur aktuellen Politik fast zeitgleich zum Geschehen informieren und werden unmittelbar mit einer Bewertung und Einschätzung des Vorfalls durch den Sender oder Autor/in versorgt. Hier liegt es nicht fern, dass die Bildung einer Meinung beeinflusst werden kann, wenn keine differenzierte Auseinandersetzung mit der Berichtserstattung seitens des Rezipienten stattfindet. Die Medien kritisieren und klagen Missstände in der Politik an, welche dann im darauffolgenden Diskurs in der Bevölkerung und eventuell innerhalb politischer Strukturen behandelt werden. Daraus ist zu schlussfolgern, dass die Medien auf der einen Seite einen Einfluss auf die Gestaltung der Politik haben, da eine öffentliche Thematisierung Handlungszwang im politischen Raum auslösen kann und sie dazu in der Lage sind, zu entscheiden, welche politischen Prozesse an die Öffentlichkeit gelangen, um dann wiederum die Meinung der Öffentlichkeit aufzugreifen und in die weitere Berichtserstattung einfließen zu lassen. Auf der anderen Seite können die Medien jedoch nicht direkt auf das Ergebnis politischer Entscheidungen einwirken. Die Massenmedien sind zwar als Vermittler zwischen der Politik und der Bevölkerung zu sehen, jedoch nicht als Staatsgewalt. Eine

---

[44] (Luhmann 1996, S. 8)
[45] (Vgl. Schmidt 2016, S.129f.)

Staatsgewalt ist dazu legitimiert Gesetze und Regeln, notfalls auch mit Hilfe von Sanktionen, durchzusetzen sowie sind die drei Staatsgewalten unabhängig voneinander und kontrollieren sich gegenseitig. Die Medien verfügen über keine Mittel und Macht, um die öffentlichen Meinungen der Bürger/innen zu kontrollieren oder politische Prozesse gar zu sanktionieren. Darüber hinaus sind die Massenmedien keinen staatlichen Zwängen unterworfen folglich wird dadurch die im Artikel 5 Absatz 1 des Grundgesetzes verankerten Meinungs- und Pressefreiheit gewährleistet. Zu jeder Zeit muss es die Entscheidung des einzelnen Individuums sein, seine eigene Meinung und Einstellung zu entwickeln. Aus diesem Grund können die Massenmedien nicht als vierte Staatsgewalt gelten, jedoch sind diese als eine der wichtigsten Einflussfaktoren auf die Meinungs- und Urteilsbildung der Bürger/innen in der Demokratie zu sehen.

6. Literaturverzeichnis

Arnold, Klaus/ Classen, Christoph/ Kinnebrock, Susanne/ Lersch, Edgar/ Wagner, Hans-Ulrich. *Von der Politisierung der Medien zur Medialiserung des Politischen? Zum Verhältnis von Medien, Öffentlichkeiten und Politik im 20. Jahrhundert.* Berlin: Leipziger Universitätsverlag, 2010.

Bergsdorf, Wolfgang. *Die 4. Gewalt. Einführung in die politische Massenkommunikation.* Mainz: v. Hase & Koehler, 1980.

Besand, Anja. „Wahlwerbespots." In *Handbuch Medien in der politischen Bildung*, von Anja Besand, & Wolfgang Sander, 583-592. Schwalbach/Ts.: Wochenschau Verlag, 2010.

Besand, Anja/ Sander, Wolfgang. *Handbuch Medien in der politischen Bildung.* Schwalbach/Ts.: Wochenschau Verlag, 2010.

Birkner, Thomas. *Medialisierung und Mediatisierung.* Baden-Baden: Nomos Verlagsgesellschaft, 2017.

bpb, Bundeszentrale für politische Bildung. *Funktionen der Medien in einer demokratischen Gesellschaft I und II.* 22. November 2016. https://www.bpb.de/gesellschaft/medien-und-sport/medienpolitik/189218/funktionen-der-medien-in-einer-demokratischen-gesellschaft-i-und-ii (Zugriff am 18. Mai 2019).

Bundestag, Deutscher. *Deutscher Bundestag.* 2019. https://www.bundestag.de/parlament/aufgaben/rechtsgrundlagen/gewaltenteil ung-246408 (Zugriff am 26. 07 2019).

Gerhards, Jürgen. „Politische Öffentlichkeit, ein system- und akteurstheoretischer Bestimmungsversuch." In *Öffentlichkeit, öffentliche Meinung, soziale Bewegungen*, von Friedhelm (Hrsg.) Neidhardt, Kölner Zeitschrift für Soziologie und Sozialpsychologie, Sonderheft 34, S.77-105. Opladen: Westdeutscher Verlag, 1994.

Gloger, Katja. *deutschland.de.* 15. Mai 2019. https://www.deutschland.de/de/topic/politik/grundgesetz-deutschland-artikel-5-pressefreiheit (Zugriff am 19. Mai 2019).

Hasebrink, Uwe. *bpb: Bundeszentrale für politische Bildung.* 09. Dezember 2016. https://www.bpb.de/gesellschaft/medien-und-sport/medienpolitik/172240/meinungsbildung-und-kontrolle-der-medien (Zugriff am 29. Juli 2019).

—. *bpb: Bundeszentrale für politische Bildung.* . 9. Dezember 2016. http://www.bpb.de/gesellschaft/medien-und-sport/medienpolitik/172240/meinungsbildung-und-kontrolle-der-medien?p=all (Zugriff am 23. Mai 2019).

Hochschild, Udo. *gewaltenteilung.de, über Sinn und Funktonsweise eines Betriebssystems für Staaten.* 2019. https://www.gewaltenteilung.de/ (Zugriff am 26. 07 2019).

Hoffmann, Dagmar. *bpb: Bundeszentrale für politische Bildung.* 9. 12 2016. http://www.bpb.de/gesellschaft/medien-und-sport/medienpolitik/237014/bildungsauftrag-und-informationspflicht-der-medien (Zugriff am 21. 8 2019).

Holtz-Bacha, Christina. „Parteien und Massenmedien im Wahlkampf." In *Parteien in der Mediendemokratie,* von Stefan (Hrsg.) Marschall, & Ulrich von Alemann, 42-56. Wiesbaden: Westdeutscher Verlag GmbH, 2002.

Jäckel, Michael, Fröhlich Gerrit, und Daniel Röder. *Medienwirkung kompakt. Einführung in ein dynamisches Forschungsfeld.* Wiesbaden: Springer VS, 2. überarbeitete und aktualisierte Auflage, 2019.

Karidi, Maria. *bpb: Bundeszentrale für politische Bildung.* 28. September 2018. http://www.bpb.de/apuz/276555/oeffentlich-rechtlicher-rundfunk-in-der-schusslinie-eine-differenzierung?p=all (Zugriff am 21. August 2019).

Korte, Karl-Rudolf. *Bundeszentrale für politische Bildung, bpb: Massenmedien und Wahlkampf.* 20. Mai 2009. http://www.bpb.de/politik/wahlen/bundestagswahlen/62564/rolle-der-medien (Zugriff am 23. Mai 2019).

Luhmann, Niklas. *Die Realität der Massenmedien.* Opladen: Westdeutscher Verlag, 1996.

Maletzke, Gerhard. *Ziele und Wirkungen der Massenkommunikation.* Hamburg: Hans-Bredow-Institut Hamburg, 1976.

Marschall, Stefan. *Das politische System Deutschlands.* München: UVK Verlag, 2014.

Mergel, Thomas. „Politisierte Medien und medialisierte Politik. Strukturelle Kopplungen zwischen zwei sozialen Systemen." In *Von der Politisierung der Medien zur Medialisierung des Politischen? Zum Verhältnis von Medien, Öffentlichkeit und Politik im 20. Jahrhundert,* von Klaus/ Classen, Christoph/ Kinnebrock, Susanne/ Lersch, Edgar/ Wagner, Hans-Ulrich (Hrsg.) Arnold, 29-50. Leipzig: Leipziger Universitätsverlag GmbH, 2010.

Meyn, Herrmann, und Jan Tonnemacher. *Massenmedien in Deutschland.* Konstanz und München: UVK, 4. völlig überarbeitete Neuauflage, 2012.

Neidhardt, Friedhelm. *Öffentlichkeit, Öffentliche Meinung, Soziale Bewegungen.* Opladen: Westdeutscher Verlag GmbH, 1994.

Rudzio, Wolfgang. *Das politische System der Bundesrepublik Deutschland.* Wiesbaden: Springer VS, 9. aktualisierte und überarbeitete Auflage, 2015.

Rüthers, Bernd. „Einführung: Medien als vierte Gewalt." In *Vierte Gewalt? Medien und Medienkontrolle. 16. Baden-Württemberg-Kolloquium,* von von Graevenitz/ Köcher/ Rüthers (Hrsg.), 11-18. Konstanz: UVK, 1999.

Schmidt, Manfred G. *Das politische System Deutschland.* München: C.H.Beck, 3. aktualisierte Auflage, 2016.

Schubert, Hans-Joachim, u.a. *Pragmatismus zur Einführung.* Hamburg: Junius Verlag, 2010.

Schulz, Winfried. *Politische Kommunikation. Theoretische Ansätze und Ergebnisse empirischer Forschung.* Wiesbaden: VS Verlag für Sozialwissenschaften, 2. völlig überarbeitete und erweiterte Auflage, 2008.

Strohmeier, Dr. Gerd. „Politik und Massenmedien - Eine Einführung." In *Studienkreis Politikwissenschaft,* von Dr. Winand (Hrsg.) Gellner. Baden-Baden: Nomos Verlag, 2004.

Thurich, Dr. Eckart. „pocket politik. Demokratie in Deutschland." In *pocket politik. Demokratie in Deutschland,* von Bundeszentrale für politische Bildung/bpb (Hrsg.). Berlin: Erich Schmidt Verlag, 2006.

Verbraucherschutz, Bundesministerium der Justiz für. *Gesetze im Internet.* 23. Mai 1949, Zuletzt geändert durch Art. 1 G v. 28.3.2019. https://www.gesetze-im-internet.de/gg/BJNR000010949.html (Zugriff am 19. Mai 2019).

Von Alemann, Ulrich/ Marschall, Stefan (Hrsg.). *Parteien in der Mediendemokratie.* Wiesbaden: Westdeutscher Verlag GmbH, 2002.